NO PRINCÍPIO ERA O AMOR

CIP-BRASIL. CATALOGAÇÃO NA FONTE
SINDICATO NACIONAL DOS EDITORES DE LIVROS, RJ

K93n

Kristeva, Julia, 1941-
  No princípio era o amor : psicanálise e fé / Julia Kristeva ; tradução Leda Tenorio da Motta. - Campinas, SP : Verus, 2010.

  Tradução de: Au commencement était l'amour : psychanalyse et foi
  ISBN 978-85-7686-090-7

  1. Psicanálise e religião. I. Título.

10-3722   CDD: 150.195
                                     CDU: 159.964.2

JULIA KRISTEVA
NO PRINCÍPIO ERA O AMOR
PSICANÁLISE E FÉ

Tradução
Leda Tenorio da Motta

VERUS
editora

Título original
Au commencement était l'amour
Psychanalyse et foi

Editora
Raïssa Castro

Coordenadora editorial
Ana Paula Gomes

Revisão
Aline Marques

Capa & Projeto Gráfico
André S. Tavares da Silva

Diagramação
Daiane Avelino

© Hachette, 1985

Tradução © Verus Editora, 2010

Todos os direitos reservados, no Brasil, por Verus Editora.
Nenhuma parte desta obra pode ser reproduzida ou transmitida
por qualquer forma e/ou quaisquer meios (eletrônico ou mecânico,
incluindo fotocópia e gravação) ou arquivada em qualquer sistema
ou banco de dados sem permissão escrita da editora.

VERUS EDITORA LTDA.
Rua Benedicto Aristides Ribeiro, 55
Jd. Santa Genebra II - 13084-753
Campinas/SP - Brasil
Fone/Fax: (19) 3249-0001
verus@veruseditora.com.br
www.veruseditora.com.br

SUMÁRIO

Palavra e sujeito em psicanálise 9

A ilusão indissolúvel 21

Crença-crédito 35

Credo 41

Credo in unum Deum 51

A sexualização 61

A dissolução do analista: quem é inanalisável? 67

Crianças e adultos 71

A psicanálise é um niilismo? 77

Quando me convidaram para falar sobre "psicanálise e fé",* meu primeiro movimento foi de recusa. A relação dos dois termos, dos dois domínios que eles designam, parece implicar sua conciliação ou sua oposição, quando, ao contrário, a psicanálise tira seu valor epistemológico e sua eficácia prática da afirmação de sua autonomia.

Entretanto, a função do analista não é ouvir todas as demandas, não para atendê-las, mas para deslocá-las, esclarecê-las, dissolvê-las? Uma demanda, ainda que intelectual, traduz um sofrimento. Sob o tema

---

* Este livro nasceu de uma conferência feita aos alunos da Escola Sainte-Geneviève, em Versalhes, em dezembro de 1984.

de nossa discussão, escondem-se talvez o sofrimento do discurso religioso e o do racionalismo, este ou aquele mal-estar, ou inquietação, mais estritamente pessoais. Tentemos simplesmente acolhê-los e eventualmente dar ouvidos a um sentido outro.

PALAVRA E SUJEITO EM PSICANÁLISE

Na dissolução do vasto continente teológico que se opera desde Descartes até o fim do século XIX, a psicanálise (com a linguística e a sociologia) foi a última a constituir-se como aproximação racional do comportamento humano e dessa "significação" sempre enigmática que lhe é própria. Porém, contrariamente às outras ciências humanas, a psicanálise revoga a racionalidade positivista. Freud a fez derivar da psiquiatria para englobar um domínio que continua sendo para alguns o do "irracional" ou "sobrenatural". Com efeito, o objeto da psicanálise não é outro senão a *palavra trocada* – e os acidentes dessa troca – entre dois sujeitos em situação de *transferência* e de *contratransferência*.

A técnica e os postulados principais da cura analítica estão hoje suficientemente difundidos e vulgarizados para nos dispensarmos de retraçar-lhes o estabelecimento e os esquemas maiores. Do complexo de Édipo à pulsão de morte, passando pela libido e o simbolismo dos sonhos, a vulgata analítica é conhecida e frequentemente alardeada por seu esquematismo. Ela pouco tem a ver com o encaminhamento secreto e estritamente individual da prática analítica, que não se deixa tratar como um objeto exterior. A psicanálise se fala diretamente em primeira pessoa ou em despersonalização, em perda, arrebatamento ou dor.

Entretanto, o discurso sobre a análise não soube escapar à "*mass*-mediatização" nem ao mundanismo ambientes. Nosso debate, sem dúvida, é em parte consequência disso, não vamos escondê-lo: tratemos antes de preservar a outra parte.

Longe de ser vítimas desses fenômenos atuais, os analistas se prestam a eles, quer queiram, quer não, e assistimos hoje a uma certa desconsideração, ela também mundana, da análise, consecutiva à sua pretensão de alguns anos atrás de ser *a* nova visão do mundo, capaz de trazer resposta a todas as crises. É recolhendo-se na tecnicidade da observação e da prova de seus modelos teóricos que a análise pode assegurar, ao contrário, a sua pertinência e garantir a sua eficácia, hoje como amanhã.

Eu lembrarei, pois, a todos a complexidade irresumível dessa prática, certos elementos que me parecem levar ao cerne da questão que me foi proposta.

O sujeito em análise, ou, se se quiser, o analisando, diz em substância o seguinte: "Sofro de um traumatismo arcaico, frequentemente sexual, profundamente uma ferida narcísica, que revivo deslocando para a pessoa do analista. Aqui e agora, o agente todo-poderoso (pai ou mãe...) do meu ser ou mal-ser é ele. Essa dramaturgia invisível que opera o sentido profundo da minha palavra supõe que eu atribua ao analista um poder considerável; mas a confiança que eu tenho nele implica sobretudo o amor que tenho por ele e que presumo nele por mim".

À luz de uma tal operação, que mobiliza a inteligência e o corpo de duas pessoas por meio unicamente da palavra que as liga, compreendemos melhor a célebre observação de Freud sobre os fundamentos da cura: "Nosso Deus Logos" (in *O futuro de uma ilusão*). Ela nos traz igualmente à memória os postulados evangélicos: "No princípio era o Verbo" (Jo 1,1) ou "Deus é amor" (I Jo 4,8; II Cor 13,11).

O discurso analítico não tem certamente, ou não tem sempre, as aparências excessivas da palavra amorosa, que pode ir da hipnose diante das qualidades supostamente ideais do parceiro à efusão sentimental histérica ou à angústia fóbica de abandono. Entretanto, é por uma falta de amor que o sujeito vem recorrer à análise, e é reconstituindo a sua confiança e a sua capacidade de amor no elo transferencial, antes de tomar distância dele, que ele conduz a sua experiência analítica. Sujeito de um discurso amoroso durante os anos de minha análise (e, na melhor das hipóteses, depois dela), estou em contato com as minhas potencialidades de renovação psíquica, de inovação intelectual, até de modificação física. Uma tal experiência parece ser a contribuição específica de nossa civilização moderna à história dos discursos amorosos: com efeito, o espaço analítico é o único lugar explicitamente designado pelo contrato social em que temos o direito de falar de nossas feridas e de buscar novas possibilidades em nós, de acolher pessoas novas e novos discursos. Presumo que foi também a minha definição de discurso transferencial como nova "história de amor"[1] que desencadeou, a partir da própria história e da tradição de vocês, es-

---

[1] Julia Kristeva, *Histórias de amor*. São Paulo: Paz e Terra, 1988.

sas associações que os levaram a sugerir o tema "psicanálise e fé" para o nosso encontro.

Por ser um discurso amoroso, a palavra analítica possui qualidades que lhe conferem eficácia por um lado, e revelam, por outro, leis essenciais (mas pouco visíveis de outra forma) a toda enunciação. Quais são elas?

O dispositivo paradoxal de um divã, em que alguém fala deitado, e de uma poltrona, em que alguém mais escuta sentado, bloqueia a motricidade e facilita o deslocamento da energia pulsional para a palavra. Na medida em que se trata de uma palavra transferencial, quer dizer, amorosa, o discurso analítico dito de "livre associação" não é mais simplesmente intelectual, mas implicitamente afetivo. Assim, não seria possível compreendê-lo a partir do modelo linguístico que desdobra os signos verbais em "significante" e "significado". A palavra analítica opera com signos, que compreendem ao menos três tipos de representações: *representações de palavras* (próximas do significante linguístico), *representações de coisas* (próximas do significado linguístico)[2] e *representações de afetos* (inscrições psíquicas móveis, submetidas aos

---

[2] Freud, *La métapsychologie* (1927). Paris: Gallimard, 1952.

processos primários de "deslocamento" e de "condensação", e que chamei "semióticas" por oposição às representações "simbólicas" próprias ou consecutivas ao sistema da língua[3]).

Dizer que a significação é uma *significância* que compreende esses três tipos de representações não é apenas uma tentativa de dinamizar a noção pela introdução de um sufixo ativo (-ância) ou de recuperar uma palavra de uso medieval. Trata-se de abrir, na e para além da cena das representações linguísticas, modalidades de inscrições psíquicas pré ou translinguísticas, que poderíamos chamar semióticas, ao encontro do sentido etimológico do grego *semeion* – traço, marca, distintividade. No fundamento da filosofia, antes que nosso modo de pensamento se fechasse no horizonte de uma linguagem entendida como tradução da ideia, Platão, lembrando-se dos atomistas, falou no *Timeu* de uma *cora* – receptáculo arcaico, móvel, instável, anterior ao Um, ao pai e mesmo à sílaba, metaforicamente designado como alimentar e maternal.

Nossa tentativa de pensar uma modalidade psíquica logicamente e cronologicamente anterior ao

---

[3] Cf. Julia Kristeva, *La révolution du langage poétique*. Paris: Seuil, 1974, cap. I: Le sémiotique et le symbolique.

signo, ao sentido e ao sujeito lembrará aos filósofos essa luz platônica. Bem entendido, esse procedimento inscreve-se na linha do pensamento freudiano e objetiva diversificar *tipos de representações* na dinâmica psíquica, mais ou menos subsumíveis pela linguagem da comunicação, mas seguramente fora do domínio da consciência. Especificando mais marcadamente do que Freud o estatuto das inscrições afetivas a que chamamos "semióticas", dotamo-nos de um meio teórico para aclarar a *heterogeneidade* das representações conscientes e das representações inconscientes. Tal preocupação corresponde à observação pela clínica de uma modalidade psíquica em que desejo, angústia ou narcisismo conduzem o sujeito ao eclipse da *significação,* sem por isso despojá-lo de um *sentido* pulsional que troca os sinais bioenergéticos por inscrições já intrapsíquicas fluidas, porém tenazes (como nas afecções narcísicas e nas psicoses).

Essa tessitura da significância própria à palavra analítica aplica-se, bem entendido, a todo discurso, mesmo se a transferência a atualiza da maneira mais acentuada e mais observável. Uma concepção tão estratificada da significância permite compreender como a palavra lógica, alicerçada nas representações infralinguísticas (semióticas), pode atingir o registro físico. Um modelo forte do humano é assim proposto, de acordo com o qual a linguagem não está cortada do corpo, e o "Verbo" pode, ao contrário, tocar a cada instante a carne – para o bem e para o mal.

Partindo desse tecido significante, que compreende desde as precondições da linguagem (semiótica dos afetos) até as representações linguísticas e, por derivação, ideológicas (representações simbólicas), o analista tenta interpretar os discursos essenciais que lhe apresentam seus pacientes: os *sintomas* e os *fantasmas*.

Sua dor de cabeça, sua paralisia, sua hemorragia são talvez a volta aos órgãos de um recalque não simbolizado. O recalque da palavra de ódio ou de amor, ou de uma sutileza emocional à qual nenhuma palavra parece convir, reativa descargas energéticas, que nenhuma inscrição ou representação psíquica vai filtrar daqui por diante e que, atacando então os órgãos, vão desregulá-los: os signos mudos são desviados para *sintomas*. Por outro lado, vocês se queixam de estarem submersos em cenários imaginários, que esgotam pelo seu efeito excitante, esmagam pelo seu catastrofismo lúgubre, mas figuram a realização de seus desejos: eles são os seus *fantasmas*. O analista não vê de forma nenhuma nos sintomas e fantasmas erros aberrantes, mas verdades do sujeito que deles nos fala, mesmo que eles possam parecer ilusões aos olhos do juízo. Eu os levo, pois, a sério, mas referindo-os ao passado e, sobretudo, ao fazê-los reviver na cura, os queimo. Eles não vão desaparecer por causa disso, vão no máximo assumir uma nova configuração, mais benéfica, esperamos, para o sujeito e seus circunstantes.

Etimologicamente, a análise é uma dissolução: ανα, de baixo para cima, através; λύω, pres. aor. ἔλῡσα, f. λῡ́σω, destruir, desligar, dissolver, pagar; lat. *luo*, pagar, expiar; *solvo*, desligar, de **se-luo*; verbo sânscr. *lu-ná-ti*, cortar, dividir, aniquilar; gót. *fra-liusan*, perder; lat. *luxus,* luxado; etc.

Ela faz *pagar*, no sentido estrito do termo, *o preço* que o sujeito concorda em pôr para revelar que suas queixas, os sintomas, os fantasmas são discursos de amor para um outro impossível – sempre insatisfatório, fugaz, incapaz de preencher minhas demandas ou meus desejos. É, no entanto, ao desnudar para meu analista as demandas e os desejos que me atravessam que eu os faço alcançar a potência da palavra e introduzo, da mesma feita, essa palavra em todos os vãos reputados inomináveis da significância. Eu alcanço, assim, os meus sintomas, orquestro ou apago com maior ou menor habilidade meus fantasmas.

A adesão inicial (intermitente durante toda a minha análise, mas não menos intensa), que me levava, através da pessoa do analista, a um polo de potência e de saber – fusão narcísica, idealização indispensável à minha fraqueza de animal prematuro e separado – revela-se no fim do percurso, abalada pela constatação de que o outro se furta, de que eu não poderei nunca possuí-lo nem mesmo atingi-lo tal como meus desejos o imaginaram, idealmente satisfatório. Mais ainda, essa descoberta revela-me, em definitivo, que eu mesmo sou, até o fundo de minhas demandas e desejos, incerto, descentrado, dividido. O que não elimina minhas capacidades de adesão ou confiança mas as torna, literalmente e só literalmente, um *jogo*.

A experiência da cura analítica faz-nos descobrir, em consequência, uma subjetividade paradoxal. Admitamos que seja legítimo falar-se em *sujeito,* quando a linguagem reúne uma identidade em instância de enunciação e lhe confere ao mesmo tempo um interlocutor e um referente. O vasto domínio do inconsciente freudiano, com suas representações de coisas e as inscrições semióticas dos afetos, permanece tributário da linguagem e não se atualiza senão na relação de desejo, de palavra para o outro. Ora, a "outra cena" do inconsciente freudiano figura já a essencial heterogeneidade do ser humano. No extremo limite das inscrições psíquicas, porém, mais além das *representações* de palavras ou de coisas, encontramos as *marcas* últimas dos processos bioquímicos, que se desenvolvem num sujeito em interação com um outro e que são, por isso, pré-signos já, precondições ou substratos do desejo e da comunicação.

Seres falantes, sempre já potencialmente falantes, somos desde sempre igualmente clivados, separados da natureza. Esse desdobramento deixa em nós a marca de processos semióticos pré ou translinguísticos, que são nossa única via de acesso à memória da espécie ou aos mapas neurônicos bioenergéticos. Esses processos semióticos (inscrições arcaicas dos liames entre nossas zonas erógenas e as do outro, como marcas sonoras, visuais, táteis, olfativas, rítmicas) constituem diacronicamente um *pré-sujeito* (o *infans*). Sincronicamente, eles figuram a angústia catastrófica (a "paixão") da psicose melancólica. Eles marcam com sua insistência nossa capacidade de percepção no fundo frágil, e nos povoam de esquecimentos, vertigens, fantasmas.

Somos sujeitos permanentes de uma palavra que nos possui, sem dúvida. Mas sujeitos *em processo,* em perda incessante de nossa identidade, desestabilizados pelas flutuações dessa mesma relação ao outro, cuja homeostase nos mantém, entretanto, unificados. Ao postular esse *eclipse* da subjetividade nos primórdios de nossa vida, ao ouvir um hiato na subjetividade nos momentos intensos de nossas paixões, o psicanalista não "biologiza a essência do homem", como temia Heidegger. Ele dota-se, pelo contrário, de uma confiança exorbitante no poder do elo transferencial e da palavra interpretativa, sabedor por experiência de que eles são capazes, uma vez reconhecidos e chamados o eclipse e o hiato do sujeito, de restabelecer sua unidade provisória. Para uma nova entrada em processo, o processo vivo de nossas paixões.

O fim da análise assinala a dissolução de certos fantasmas e também a do analista, cuja onipotência é derrubada. A depressão de fim de análise marca essa etapa, antes da retomada, no caso de uma análise bem-sucedida, de ilusões provisórias, lúdicas. O fantasma inscreve-se então na nossa vida psíquica, mas deixa de ser fonte de queixa ou dogma. Ele aparece como mecanismo de um artifício – da arte de viver.

A ILUSÃO INDISSOLÚVEL

É como uma ilusão que a religião aparece precisamente a Freud, ilusão gloriosa porém, já que ele a entendia no sentido do equívoco de Cristóvão Colombo ou dos alquimistas.[1] Como essas experiências pré-científicas, que vão dar, no entanto, origem à geografia moderna e à química, a religião seria uma construção de pouca realidade, mas suscetível de exprimir com precisão a realidade do desejo de seus sujeitos. Com o que ela vai descobrir regularidades psíquicas, cujos nomes bastará trocar – troca porém capital – para satisfazer a realidade estabelecida pelo

---

[1] Freud, *O futuro de uma ilusão.* Rio de Janeiro: Imago, 2006.

julgamento científico. Freud não esconde, contudo, uma preocupação: essa "realidade científica" não seria, por sua vez, uma outra "ilusão"? Sua resposta é firmemente negativa, embora constate, bem plantado na escuta dos desejos humanos, que a ilusão dispõe, quanto a ela, de um futuro certo.

Notando a dificuldade que têm os seres humanos de suportar o desmoronamento de seus fantasmas e o fracasso de seu desejo, sem substituí-los por novas ilusões das quais não percebem nem a pouca realidade nem a desrazão, Freud tenta precisar o benefício secundário que comporta precisamente essa ilusão. Em "Um acontecimento da vida religiosa",[2] ele relata a carta que lhe tinha enviado um médico americano (o correspondente designa-se como um "brother physician"), criticando o ateísmo do psicanalista e fazendo-lhe a confidência de sua própria conversão. O médico, inicialmente ateu, impressionara-se com o rosto bondoso de uma velha senhora numa mesa de operação ("this sweet faced woman"). Ele rebela-se contra a injustiça divina, que condenou ao sofrimento e à morte um ser tão perfeito – impressionante surpresa, com efeito, vinda de um adulto, e médico

---

[2] In op. cit.

ainda por cima, que com certeza assistiu a injustiças bem piores. É então que, bruscamente, sem explicação nem mediação, o "brother physician" recebe uma revelação e adere à verdade da Escritura.

Freud interpreta: o rosto da velha senhora desperta a lembrança da mãe amada; o sentimento edipiano compreende então um primeiro tempo de rejeição da figura paterna, à qual se associa facilmente o arbitrário divino; por fim, essa pulsão "sucumbe a uma poderosa contracorrente. Ao longo do conflito, o nível de deslocamento não se mantém, o que está em jogo não são argumentos para a justificação de Deus, nem é dito por que signos indubitáveis Deus provou sua existência ao doutor. O conflito parece ter-se desenvolvido sob a forma de uma psicose alucinatória, com vozes interiores que se ouvem, e tratam de dissuadir o doutor de resistir a Deus...". Se esse deslocamento do conflito edipiano para uma adesão religiosa à figura do Todo-Poderoso pôde produzir-se, é que o discurso religioso elaborou sábia e sutilmente uma narrativa que recebe a alucinação e a justifica, torna-a verossímil gratificando o filho, para além do sofrimento, com a glória que lhe confere a fusão com o pai...

A alucinação nem sempre encontra o código religioso para atenuar-se em fantasma socialmente admitido. E, no entanto, mesmo o paroxismo da alucinação pode ser uma solução de compromisso provisória. Fardo menos esmagador que o sofrimento do desejo ardente ou da frustração abandônica, ela pode ajudar o sujeito a reconstituir uma certa coerência, ainda que excêntrica ou aberrante. E essa identidade imaginária o sustenta, ajudando-o temporariamente a viver.

Paul vem me consultar depois de uma primeira tentativa de análise rapidamente interrompida, consecutiva a um internamento em Sainte-Anne* "por motivo de delírio", como me diz. Sua aparência é sóbria, o discurso preciso e inteligente, capaz de reconstruir sua história na forma de uma narrativa hábil e atraente, que joga efeitos de silêncio e sedução. Fico impressionada com a força de sua retórica e com a solidez discreta de sua presença, que não deixam adivinhar muito facilmente a parte escondida da sua personalidade – conflituosa, frágil, beirando a confusão. Talvez seja o meu interesse firme e sincero pelo sentido do seu relato, que eu não escondo, que te-

---
* Centro psiquiátrico parisiense. (N. da T.)

nha levado Paulo a perder seu ar de ator genial para me confiar, já na primeira entrevista, o drama "nada comum e pouco comunicável", segundo ele, de sua vida.

Último menino de uma família de três crianças, com uma irmã mais velha e um irmão, ele vem ao mundo quando sua mãe espera uma menina: seu nome deveria ser Pauline. Quando a tragédia se desencadeia (mais tarde, ficará claro que ela esconde uma primeira infância muito difícil, precocemente inteligente, cheia de ameaças, de fugas e de fantasmas...), Paul está com 4 anos. O pai, alto funcionário de uma repartição francesa ultramarina, é torturado e assassinado de maneira selvagem na frente da família. O acontecimento por si só bastaria para transtornar uma vida. Contudo, soma-se a um outro, que ele repete e dramatiza. Mais ou menos um ano antes da tragédia, Paul surpreende a mãe com um amante. Uma mãe adorada por esse último filho, que traz na lembrança uma relação quase identificatória com ela (não estava ele fadado a ser uma menina? Todos diziam, além do mais, que ele era a cara da mãe) e quase canibal, ávida do seio, do corpo materno. Transtornada com o fato de ser descoberta, a mãe reage violentamente: "Se você falar, eu não gosto mais de você".

O primeiro assassinato explícito do pai é assim cometido com a cumplicidade entre filho e mãe, tendo por corolário a ameaça de retirada do amor materno, na hipótese de Paul escolher uma aliança simbólica com o pai, e a interdição de falar.

O conflito tem que ser abafado, Paul é doravante prisioneiro da mãe, que traiu o pai, mas também o filho, e da dupla culpabilidade de ambos (de seu próprio Édipo que permanece indizível, do adultério dela que deve continuar escondido). Paul fecha-se na solidão, evade-se por dias inteiros na savana para... torturar cobras. Com o assassinato do pai, sua culpa chega ao máximo – ele já não era cúmplice da humilhação paterna? Mais que isso, como o humilhado era também ele mesmo, ele se vê torturado e morto no lugar do pai. O filho é dali em diante um cadáver em *sursis*.

Pouco tempo mais tarde, durante seus passeios solitários, Paul começa a ouvir vozes: "Você vai desenhar, você vai ser um pintor genial". Vozes que o exaltam e o perturbam, de que ele não fala a ninguém, que diz ter esquecido por um momento e que teriam reaparecido por volta dos 10, 12 anos, para não mais deixá-lo. O interdito tão pesado que sua mãe tinha formulado, "Você não vai falar", vai ser assim retirado por uma alucinação: "Você vai desenhar". A mamãe vai ficar contente desse jeito (Paul não vai falar), mas o papai também vai ter a sua testemunha fiel (Paul vai desenhar cenas de uma infância feliz, ou a cena do massacre).

Na escola, Paul é excelente em desenho, mais tarde vai entrar com sucesso no curso de desenho técnico. Durante o período de latência e no interior do código obsessional do aprendizado, a alucinação encontra bases para metabolizar-se sem risco na atividade intelectual do superego. Mas, na puberdade e ao longo de uma adolescência prolongada, despertam os desejos e as violências. As vozes, "Você vai desenhar", também. Nesse ponto, o desenho e a pintura desembocam no delírio. Quando se põe a pintar, Paul para no meio do caminho. Sem trocar uma palavra com ninguém, aprisionado sempre nos seus desejos e ódios, os signos cromáticos já não o ajudam a conter a angústia de seus ímpetos incestuosos, de suas aspirações assassinas, de suas incertezas narcísicas (eu sou um menino ou uma menina?). O delírio se impõe então como uma tentativa de trabalhar – como se trabalha um quadro – um pedaço de discurso com *sentido* para o sujeito, porquanto exprime suas pulsões e suas defesas, mas sem *significação* para os outros, para sempre e obstinadamente rejeitados. Donde o hospital psiquiátrico, os neurolépticos etc.

A transferência, que se revelou possível, levou Paul, pela primeira vez, a falar de suas vozes – de sua "origem" infantil, de seu reaparecimento e insistência. "A senhora entende, não é possível falar de tudo isso, primeiro porque isso não interessa a ninguém, depois porque parece coisa de louco." Depois dessa confissão e dos relatos que a ela se seguem, Paul vem dizer-me que as vozes se calaram. Seria porque conseguimos afugentar a ilusão? Claro que não. De qualquer maneira, na transferência, a ilusão consistia em deslocar para mim a violência dos seus amores e do seu ódio. Paul já não desenha mais, *ele me fala*: para me amar ou me odiar. Esquecendo de vez em quando que eu não sou senão eu mesma e revivendo comigo as relações abafadas, no passado, com os pais. Mas ele está longe de se reconciliar. "A senhora desmonta uma parte de mim com as suas interpretações, me faz deslocar tudo para a inteligência ou coisa parecida", diz, "mas eu tenho outras partes, aliás é a minha parte central, negra, um bloco como se fosse de granito, que pesa e continua bloqueada, e as duas coisas não se tocam..." Eu lhe digo que é verdade, mas que "o bloco de granito que não se pode tocar" (penso comigo na cena traumática do corpo materno tocado por um estranho, e na outra – terrível – do corpo despedaçado do pai), eu posso *ver* e *escutar*: talvez um bloco de ódio que tenta falar, ou um bloco de amor traído.

Nossas sessões são ruidosas: às vezes superintelectuais, com discussões estéticas ou metafísicas; às vezes psicodramas tempestuosos em que o "bloco de granito" lança farpas afetivas: olhares fulminantes, gritos, acusações que me tomam por uma potência extraterrestre, maléfica, de olhos de *laser* "que pregam a pessoa no chão e a transformam num sonâmbulo". Aos poucos, a palavra substitui com mais ou menos dificuldade o terror e o desejo enregelados, e mais remotamente ainda, a ferida de não ter sido desejado tal como era, de ter sido um natimorto, uma Pauline morta, não um Paul vivo. À paixão mortífera de sua mãe, eu tive que opor, sem me dar muito conta, um investimento dos mais intensos da palavra, da pessoa, da vida de Paul. Penso na mãe de Paul. Se toda mulher grávida alimenta fantasmas de morte com relação ao seu bebê, certas mulheres não seriam assassinas simbólicas da prole para salvaguardar sua própria identidade narcísica? Para essas mães, será preciso inventar um novo complexo, o "complexo de Lady Macbeth".

Os dois construímos, assim, um mundo entre nós que, para o observador neutro, que eu sou também, é totalmente irreal e ilusório, feito de equívocos, de jogos e de máscaras: nós somos num sentido atores que entram nos seus "papéis" para uma "representação" no início de cada sessão. Porém, esse dispositivo imaginário recebe, de saída, a violência inteiramente real de uma memória – de Paul – que se tornou mortal e mortífera de tanto ser esfriada. Uma memória que quiseram assassinar, que conseguiu sobreviver sob os traços deslocados e condensados do desenho e da pintura e que, pela dramaturgia analítica da palavra, reencontra a vida. A certa altura da cura, Paul trouxe-me desenhos que, no começo, não queria de modo nenhum lembrar. "É uma bomba." Eu aceitei que ele os mostrasse e que tentasse desenvolver o relato que ali se escondia, reconstruindo o seu próprio lugar, invisível no quadro, a sua raiva e, mais rara, a sua felicidade.

Assim, eu insisto no fato de que a função do analista é despertar o imaginário e permitir ao mundo das ilusões que seja. A função ou *uma* das funções? É indiscutível que a aproximação das psicoses pela escuta analítica, mais frequente hoje em dia do que no tempo de Freud, solicita a presença no primeiro plano da cura do ressurgimento imaginário e amplia o papel do transplante imaginário na cura. Mais detidamente, toda a economia da palavra analítica atém-se essencialmente a essa *performance* imaginária, que é a anamnese interna à livre associação. O discurso analítico – o do analisando primeiro, mas também o do analista, uma vez que ele acompanha o paciente pela escuta, para deslocá-lo pela interpretação – sai da trama imaginária. Trabalha com o logro, a aparência, o quase, o "verdadeiro aqui-agora", para decidir sobre verdades que só se tornam absolutas, porque acham primeiro seu sentido exato no provisório da construção imaginária. Ao insistir unicamente na *substância verbal* da transferência, sem realçar o fato de que se trata de um jogo, e até mesmo, no começo, de uma mistificação, passamos ao largo do caráter imaginário da cura. Ora, é precisamente porque ele não é definitivamente estabilizado pelo julgamento e o raciocínio verificável e verídico, que o discurso analítico, como discurso imaginário, pode desenvolver seus três registros (representações de palavras, representações de coisas, inscrições semióticas de afetos), e adquirir a eficácia corporal, o impacto real que se deseja.

Ao esquecer pudicamente esse aspecto fundamental da economia analítica, a psicanálise, procurando valorizar a verdade de suas interpretações, veio a reivindicar títulos de nobreza científicos. Contudo, a unicidade, e até a cientificidade indispensável a uma interpretação ("tal fantasma nada mais é do que uma identificação projetiva", "tal outro nada mais é do que uma identificação histérica"), constitui uma avaliação que repousa sobre critérios logicamente verificáveis, mas que opera com um objeto profundamente imaginário: o discurso amoroso do analisando e a construção (mais ou menos identificatória ou projetiva) que o analista extrai dele. Insistir nessa trama que alimenta a "verdade" analítica aproxima-a menos do discurso da fé que daquele da *ficção narrativa* que nos dá, em ambos os domínios – o da análise e o da religião –, um sujeito desestabilizado em busca de estabilização perpétua.

Estou longe de reduzir com isso as ambições científicas da análise. Pela pertinência de seu dispositivo (o discurso transferencial atualiza a economia profunda da enunciação), pelo rigor de seus modelos constantemente provados na clínica analítica, mas também confrontados cada vez mais com a neurobiologia, a psicanálise é um discurso científico de um novo tipo. Ela é nova porque não coloca entre parênteses o sujeito do saber, nem o neutraliza; pelo contrário, é na sua implicação com a escuta que o sujeito do saber constrói o objeto mesmo das interpretações psicanalíticas. A partir daí – e tal inovação é radical – a análise propõe um modelo e uma modificação, uma verdade e uma terapêutica do psiquismo, seguindo as regras clássicas da epistemologia científica. O tema "psicanálise e fé" não me obriga a ir mais fundo nessa questão fundamental da cientificidade psicanalítica. Eu insistiria apenas no seguinte: para melhor delimitar em que a cientificidade analítica é diferente, é preciso sublinhar toda a importância de que se reveste a emergência imaginária de seu objeto.

O efeito de verdade científica – única e verificável – sobre o conteúdo de uma interpretação depende, em suma, tanto do rigor do modelo teórico que a sustém, quanto da construção de um elo ou de uma palavra, cuja "realidade histórica" importa pouco e cuja única importância é o sentido primeiro imaginário e, por conseguinte, real e simbólico que se estabelece entre nós dois, analisando e analista. Pouco importa que você tenha vivido o que conta, se na sua ilusão, na sua mentira, ou no seu delírio, eu posso captar o impacto (para mim) e a lógica (para nós todos) dos seus sintomas e dos seus fantasmas.

Nem por ter saturado seus fantasmas durante as nossas sessões, Paul vai sair delas como um cérebro neutro e apaziguado. Pelo contrário, nossa confrontação verbal é testemunha de que seu discurso fantasmático – seus relatos, sua memória – manifesta-se agora mais variado, talvez mais sutil. A análise, como a ilusão, parece ser nesse sentido interminável.

Diferentemente de Freud, e de maneira menos escrupulosamente racionalista – menos culpabilizada em relação ao racionalismo, menos otimista ainda quanto ao poder benéfico da razão? –, a posição do analista consistiria hoje, ao que me parece, em restituir todo o seu valor, terapêutico e epistemológico, à ilusão.

Quer dizer, à fé?

Não exatamente.

CRENÇA-CRÉDITO

Como vocês sabem, a história da patrística constitui-se em larga medida de discussões em torno da definição da fé: questiona-se a parte da certeza racional e da graça, a relação das Três Pessoas (o Pai, o Filho, o Espírito Santo). As heresias e os dogmas nascem dessa discussão, que não vou retomar aqui. Vou me ater, para mais simplicidade, ao Credo, base da fé católica, pedra de toque da Igreja. Antes de ler este texto, porém, tentemos uma fenomenologia imediata, ingênua, da fé.

Eu não sou crente, e lembro que, criada numa família de crentes, que tentaram, talvez sem muito fervor, me transmitir a sua fé, não lhes opus uma incredulidade edipiana em sinal de recusa dos valores familiares. Na adolescência, período durante o qual as personagens de Dostoiévski começaram a me impressionar pela violência de seu misticismo trágico, tentei, diante do ícone da Virgem que dominava de cima da minha cama, atingir essa fé que minha educação na escola leiga ironizava, ou simplesmente ignorava, mais do que combatia. Tentei me transportar para o lugar enigmático desse além, cheio de doce sofrimento e de graça misteriosa, que me revelava a iconografia bizantina. Como o estalo demorasse a se produzir, pensei que a fé deveria advir ao cabo de duras provas que justamente me faltavam, e que era talvez essa falta que me barrava o caminho da crença. Imaginava então a morte, a minha morte. Mas ainda assim, a vitalidade, para não dizer a excitabilidade, do corpo adolescente, interpunha-se entre a imagem lúgubre do falecimento e a realidade quotidiana, antes que os sonhos eróticos vencessem a representação macabra.

Quis-me parecer depois, com a leitura de célebres experiências místicas, que talvez, simplificando ao máximo, se poderia descrever a fé como um movimento de identificação, que se faz mister chamar primário, a uma instância amorosa e protetora. Para além da percepção de uma separação irremediável, o homem ocidental restabelece por meios "semióticos" mais que "simbólicos" uma continuidade ou uma fusão com o Outro, não mais substancial ou materno, porém simbólico e paterno. Santo Agostinho chega a comparar a fé do cristão em seu Deus às relações do bebê com o seio da mãe. "Essa dependência total, participação íntima em tudo que, bom ou ruim, se origina nessa única fonte de vida."[1] Fusão com um seio que carrega, alimenta, ama e protege sem dúvida, mas que doravante passará do corpo materno para uma instância invisível, no além. O que se opera aqui é um considerável arrancamento com relação à dependência infantil precoce, ao mesmo tempo em que se dá uma solução de compromisso, cujos benefícios imaginários vão ser deslocados para a ordem dos signos. Por mais inteligível ou racional que possa ser essa dinâmica (e a teologia esmera-se na sua descrição), ela parece basear-se essencialmente em processos psíquicos infra ou translinguísticos que obedecem à lógica dos processos primários e gratificam o indivíduo em seu cerne narcísico. Freud via nos primórdios da experiência psíquica uma identificação primária que consistiria na "transferência direta e imediata"

---

[1] Santo Agostinho, *Confissões,* IV, I (1).

do ego em formação para o "pai da pré-história individual", o qual possuiria as características sexuais de pai e mãe e seria um conglomerado de suas funções.[2]

Esse "transporte direto e imediato" para uma forma, um esquema, uma instância (antes que para uma pessoa), cuja permanência garante a estabilização primeira do sujeito e cuja oblatividade recebe e contraria a um só tempo a agitação pulsional desintegradora e agressiva, é talvez o que o cristianismo celebra no Amor divino. "Deus vos amou primeiro", "Deus é Amor", são os postulados que asseguram ao crente a permanência da generosidade e da graça. É-lhe feito o dom de um amor de que não terá sido merecedor de antemão, mesmo que, certamente, a questão venha a se colocar ulteriormente, com uma exigência de ascese e de aperfeiçoamento. Fusão "semiótica" mais que simbólica, como precisei, ela repara nossos transtornos de Narcisos feridos, que mal se dissimulam nas conquistas e nos malogros de nossos desejos e ódios. A dimensão narcísica assim apaziguada, também nossos desejos podem encontrar sua representação nas narrativas, que carregam a experiência

---

[2] Freud, *O ego e o id*. Rio de Janeiro: Imago, 2006.

da fé: no nascimento virginal – sonho secreto de toda infância, ou no tormento da carne no Gólgota, que faz reviver em glória a melancolia essencial do homem que aspira a reencontrar o corpo e o nome de um pai de que está irremediavelmente separado.

Para que a fé seja possível, é preciso sem dúvida que esse salto "semiótico" para o Outro, essa identificação primária com os polos parentais arcaicos, próximos do continente materno, não seja recoberto pelo recalque nem deslocado para a construção de um saber que, conhecendo-lhe o mecanismo, o haveria de sepultar. O recalque pode ser ateu, o ateísmo é recalcador, ao passo que a experiência analítica pode levar, por sua vez, a um abandono da fé em conhecimento de causa. A perda consecutiva de um certo gozo traz em contrapartida, ao sujeito engajado nessa via, o gozo de um outro sabor, por certo não positivo, mas estritamente privado, fortuito e minado pelo não saber, concernente aos movimentos mais fundamentais do psiquismo.

Minha recusa adolescente da fé tinha provavelmente mais a ver com um recalque ou com um autoerotismo desculpabilizado, do que com uma distância analítica. A prova da análise, contrariamente, leva a admitir, no mínimo, a existência de uma alteridade de que eu sou (eu-analisando, eu-analista) o sujeito: "Tem Outro", dizia justamente Lacan.* Mais que isso, a aproximação da psicose pode fazer ouvir ao analista otimista que o sentido está sempre já lá, o sujeito também, e que depende só da sua escuta e da sua interpretação o asseverá-los. Um certo fideísmo, quando não formas degradadas do espiritualismo, infiltra-se então no ideológico psicanalítico. A vigilância da escuta e a busca rigorosa da lógica interpretativa garantem-nos todavia – ao menos assim o espero – a visão de uma humanidade separada (biológica *e* falante, inconsciente *e* consciente) e que não é sujeito (desfalecente, de eclipses) senão da linguagem enunciada por esse outro que é, para cada membro do grupo, o objeto de suas cobiças e ódios. *Outro* da linguagem, alteridade do destinatário, não para--além, mas aqui e agora, o analista empresta-lhes a sua escuta e a sua palavra. Para atualizá-los, reconstituí-los, torná-los menos *infernais* ("O inferno são os outros", dizia Sartre), não necessariamente transponíveis em existência transcendental, mas infinitamente possíveis neste nosso mundo...

---

* "Il y a de l'Autre", em francês. (N. da T.)

CREDO

"Creio em Deus, todo-poderoso..."
Credo. Uma das palavras mais carregadas e mais enigmáticas do léxico europeu. Ernout e Meillet* supõem a existência de um étimo na sua origem **kred-dh* (aproximável do védico *śraddhati,* "ele crê"), mas sua passagem para a forma latina *cred-* não é clara; bem como **dhē,* posar, que origina várias formas latinas em -do (*condo,* "colocar junto", *abdo,* "colocar longe de", *sacer dos, *sakrodho-ts,* "padre"). O composto **krēd-dh-* é formalmente impossível em indo-

---

* Alfred Ernout e Antoine Meillet: latinistas franceses, autores do *Dictionnaire etymologique de la langue latine.* (N. da T.)

-europeu, em que *kret- e *dhe eram independentes. É *kret- que coloca problemas, na verdade.

Darmesteter* foi o primeiro a interpretar *credo, śraddhati*, *kred-dh-* como "pôr seu coração em alguma coisa". Ernout e Meillet são de opinião de que essa "relação [com o coração] não tem razão de ser", e Benveniste vai na mesma direção, ao notar que, para o indo-europeu, o "coração" não pode ser uma metáfora da vida e do espírito mais do que o "pulmão" ou o "rim".[1] Mayrhofer** observa, por sua vez, que a aproximação se justifica: *k'red-* resulta para ele em composição de *k'erd-*, enquanto Ernout e Meillet supõem a existência de um radical alternando k'erd-/ kr̥d. Dumézil*** chegou a criticar a interpretação de Darmesteter, mas voltou atrás. De acordo com o dicionário Monier-Williams,**** o correspondente védico *śrat-* atestado unicamente nos compostos *śrad-*

---

* Arsène Darmesteter: linguista francês, desenvolveu na França o estudo das línguas romanas. (N. da T.)

[1] E. Benveniste, *O vocabulário das instituições indo-europeias*. Campinas: Editora da Unicamp, 1995, vol. 1.

** Manfred Mayrhofer: linguista austríaco, especialista em sânscrito. (N. da T.)

*** Georges Dumézil: historiador francês, especialista nas crenças religiosas primitivas dos indo-europeus. (N. da T.)

**** Sir Monier-Williams: linguista inglês, especialista em sânscrito (N. da T.)

-*dhā*-, "crer" e *śrat-kar*-, "ser fiador de, garantir", é considerado na etimologia tradicional indiana sinônimo de *satya*-, "verdade". Ele aproxima *śrat*- do latim *cor, cordis,* do grego χαρδια.

As observações de Benveniste nos interessam. Passando em revista as diferentes interpretações etimológicas, ele constata, desde a origem, a convergência de um sentido *religioso* e de um sentido *econômico* em *credo/śrad-dhā*: tratar-se-ia de um "ato de confiança que implica restituição", de "confiar uma coisa com a certeza de recuperá-la", religiosa e economicamente. A correspondência entre a *crença* e o *crédito* revela-se, assim, "uma das correspondências mais antigas do vocabulário indo-europeu". O homem védico deposita portanto seu *desejo,* seu "penhor", sua "força mágica" (mais que seu coração) nos deuses. Ele tem confiança nos deuses e conta com a recompensa: *Indra* é o deus da ajuda, *Śraddhā* a deusa da oferenda. Alguém já notou que a religião védica se resumiria nos três termos: *fé – dom – alegria de oferecer?* Tendo recebido o *śrād*, deus o devolve ao fiel sob a forma da sua proteção: a confiança num deus é sob condição, a "fé" comporta a certeza da remuneração. Compreendemos então a laicização da noção para crédito financeiro. Quanto ao coração, o cristianismo o glorificará como sede da fé. Os escritos de santo Agostinho são dos primeiros a dar testemunho disso, quando convidam, por exemplo, a "ler as Sagradas Escrituras com os olhos do coração fixados no coração".[2]

Uma experiência mística diversificada e única pela fineza de seus movimentos psíquicos secundará dois mil anos de cristianismo, chegando, em certos pontos culminantes, à recusa não só do crédito-recompensa, mas do ato mesmo da oração, sentida como uma demanda egotista. Contudo, nas suas linhas mestras e na sua instituição eclesial, a fé cristã não parece revogar o modelo indo-europeu da crença.

Seriam as línguas indo-europeias testemunhas de um tipo de cultura em que o indivíduo experimentaria dramaticamente sua condição de ser *separado* do cosmos e do outro? O implícito de uma tal separação e a carga de sofrimento que ela pressupõe se compensariam pela oferenda – ponte sobre o hiato – e pela espera de recompensas. Mas no universo indo-europeu, a imersão do humano no ritmo cósmico domina essa separação subjacente à fé.

Na realidade, cabe ao Deus da Bíblia instaurar a separação no princípio da criação. Um corte que é,

---

[2] Santo Agostinho, *De Doctrina Christiana,* IV, V (7).

porém, e ao mesmo tempo, a marca de Sua presença: "Iahvé separa o Céu e a Terra..." *Bereschit*.* O cristianismo encontra sua fonte e seu sentido no judaísmo, que ele parece hoje retomar depois de ter se distanciado Dele. Psicologicamente, porém, cabe à Paixão de Cristo, à "loucura da cruz", como dizem são Paulo e Pascal, manifestar esse desdobramento sombrio, que é talvez a condição paradoxal da fé: "Pai, Pai, por que me abandonaste?"

É porque eu sou separado, abandonado, só face ao outro, que posso galgar psiquicamente esse intervalo que é aliás a condição do meu ser, e encontrar o gozo numa completude (reunião com o pai, ele próprio substituição simbólica da mãe) e numa perenidade (ressurreição) imaginárias. Para o crente cristão, a completude da fé é uma completude real, e o Cristo a que ele é chamado a se assimilar expia, em seu ser de homem, o pecado de todos os humanos, antes de obter a glória da ressurreição. Mas não constatamos, também, os efeitos bastante reais das identificações imaginárias sobre o corpo e as vidas de nossos pacientes não crentes?

---

* *Bereschit*: em hebraico, princípio, início. Palavra que abre o Velho Testamento. (N. da T.)

Tal configuração da fé não é de qualquer forma universal. Assim, a noção de "dom do coração" e de "recompensa" não parece dominar a crença chinesa, mas ter sido introduzida pelo budismo. Em chinês clássico (assim, entre outros, em *O livro das mutações*, coletânea de antigas crenças chinesas), "crer" e "ser digno de fé" são *xin*, 信, e o ideograma comporta os dois signos do *homem* e da *palavra*. "Crer" seria "deixar agir a palavra"? *Xin* é para Confúcio uma das virtudes cardinais: o homem é digno de confiança, pode-se confiar na palavra do homem. Essa dimensão moral, comunitária, até comercial de *xin* não deve encobrir que, fundamentalmente, o homem *xin* é o que está em harmonia com o *qi*, 氣, "o espírito" ou a "virtude cósmica".

Assim, de um lado, o homem chinês atribui no confucionismo um valor primordial à palavra verdadeira, individual e transindividual ou cósmica. Entretanto, "há belas palavras vazias" e "o Céu nada diz" (Confúcio). Mais radicalmente, Lao-Tsé fustiga a bela palavra falsa ("A palavra credível não é bela, a bela palavra não é credível") e visa à sua superação num "para além da palavra", *wu yan*, 無言. Resta, pois, essa procura da adequação ao *qi*: não que o ser humano se sinta afastado dele, mas está certo de poder atingir uma maior harmonia com ele, sobretudo pelo desenvolvimento, a um só tempo, de diferentes técnicas corporais e significativas – como a caligrafia ou a "ginástica" *tai ji quan*. A "fé" contemplativa, como experiência psíquica, parece dar lugar nesse caso à possibilidade de um aperfeiçoamento psicofísico permanente, sustentado pelo sentimento otimista de pertencer sempre ao *qi*. Se nos fosse dado o acesso pela compreensão a esse modo de ser, poderíamos dizer que, na tradição chinesa, a separação do homem e da natureza, do homem e dos outros, não é nem estritamente localizada nem absolutizada. De um lado, o *qi* é da esfera do *vazio* que exerce seu poder sob forma de "vazio mediano". Mas esse vazio não é nada: em 氣 *qi* 虛 *xu*, o signo *xu*, que significa "vazio", se escreve segundo a imagem estilizada de um "tigre" sobre um "cômoro", e evoca o sopro *yang* prestes a se arremeter sobre *yin*.

De outro lado, na tríade confuciana céu-*homem*-terra, a relação é tal que o céu e a terra não poderiam consumar-se sem o homem. O equivalente taoísta dessa tríade sendo, aliás, *yang-vazio mediano-yin,* no conjunto bipolar chinês (confucionismo e taoísmo) o homem é posto em paralelo com o *vazio mediano*.

Enfim, a língua oral diz "crer" por meio de 信服, *xin fu,* em que o elemento *fu* significa "desposar", "abandonar-se". A evocação de uma fusão entre os dois sexos e, mais arcaicamente, de uma participação no conteúdo materno inscreve-se talvez nessa concepção, em que o homem se dá por solidário do mundo, cuja criação ele retoma a cada ato seu. A esse dispositivo, que parece encarregar-se das inscrições psíquicas mais próximas das descargas corporais, bioenergéticas, para cultivá-las, poli-las e harmonizá-las com as construções simbólicas mais desenvolvidas, só parece faltar "a metamorfose do sofrimento". Como me confidencia um letrado chinês meu amigo – desolado ou ironicamente superior?

A descoberta freudiana, que se inspira no indivíduo sofredor e a ele se dirige, opera talvez, em definitivo, e em detrimento do pessimismo do doutor vienense, essa metamorfose lúdica, que nos leva a considerar ao fim da cura a palavra como corpo, o corpo como palavra, toda plenitude vendo-se inscrita de um "vazio" que não é mais que o esvaziamento – pela palavra – de um excesso de sentido, de desejo, de violência ou de angústia. A inscrição do "salto de um tigre sobre um cômoro". Abordando seus pacientes a partir desse modelo que ele traçou em sua própria análise, o terapeuta se torna apto a entender estruturas psíquicas desconhecidas da nosografia psiquiátrica. Ele dá sentido ao "vazio" do *borderline*,* ensinando a lidar com o vazio nessa presença extenuante do sujeito a si mesmo, que é a nossa fonte original de angústia e de sofrimento moral.

A psicanálise seria *também* a nossa "China interior"?

---

* Estado indissociado, limítrofe, entre sujeito e objeto (abjeto), entre neurose e psicose. Cf. Julia Kristeva, *Pouvoirs de l'horreur: essai sur l'abjection.* Paris: Seuil, Tel Quel, 1980. (N. da T.)

CREDO IN UNUM DEUM

O primeiro Credo, diz o "Símbolo dos Apóstolos",* esteve em uso no século X em toda a Igreja ocidental. Essa versão, a mais antiga e mais concisa, foi elaborada pelo concílio de Constantinopla no ano 381, para vigorar até os nossos dias. Eis uma tradução dogmática, segundo o original grego, que difere da usada na liturgia latina atual:

---

* Símbolo dos Apóstolos: fórmula para proclamar a fé, para resumi-la. Nesse sentido, texto. Já em germe no Novo Testamento, conhecem-se inúmeros Símbolos, elaborados por diferentes Igrejas, teólogos ou concílios. O Símbolo dos Apóstolos ou Creio em Deus remonta ao século II e é o adotado, hoje, pela liturgia romana. (N. da T.)

Cremos em um Deus, Pai todo-poderoso, criador do céu e da terra, de todas as coisas visíveis e invisíveis; e em um Senhor Jesus Cristo, o filho único de Deus, engendrado do Pai antes de todos os séculos, luz de luz, verdadeiro Deus de verdadeiro Deus, engendrado, não criado, consubstancial ao Pai, por quem tudo foi feito; que por nós, os homens, e pela nossa Salvação, desceu dos céus, pelo Espírito Santo encarnou-se na Virgem Maria, e fez-se homem; foi crucificado por nós sob Pôncio Pilatos; sofreu, foi sepultado, ressuscitou no terceiro dia, segundo as Escrituras, subiu aos céus; permanece à direita do Pai e voltará em glória para julgar os vivos e os mortos; seu reino não terá fim; e no Espírito Santo, o Senhor, que vivifica; que vem do Pai; que com o Pai e o Filho é conjuntamente adorado e glorificado; que falou pelos profetas. E numa Igreja santa, católica e apostólica. Confessamos o batismo para a remissão dos pecados. Esperamos a ressurreição dos mortos e a vida do século por vir. Amém.

Aquele que fala nesse texto não define sua fé senão por seu objeto. O Deus no qual deposita sua palavra vital – seu coração – é um Deus trinitário. Ele é antes "Pai todo-poderoso", "criador" daquele que ora e ao mesmo tempo de "todas as coisas visíveis e invisíveis".

Mas como que para mais se aproximar do lugar do homem que invoca, esse Deus é um "Senhor Jesus Cristo, o Filho único de Deus". Engendrado por Deus, ele partilha sua essência, lhe é "consubstancial", o que é especificado na distinção "engendrado, não criado", uma vez que a criatura quanto a ela não poderia ser idêntica ao Criador. Esse Filho, com quem aquele que ora teria então certa facilidade para se identificar, é assim "filho" sem dúvida, menor de alguma maneira, mas "verdadeiro Deus de verdadeiro Deus", "luz de luz". Algumas afirmações cristológicas vêm em seguida traçar a história humana do Filho: aprendemos que ele desceu com efeito dos céus para a nossa salvação, que se fez homem encarnando-se pelo nascimento virginal de uma mulher, a Virgem Maria. Esse homem, como o ser falante que o invoca, sofreu: foi crucificado num momento preciso da história real (sob Pôncio Pilatos), foi sepultado, no terceiro dia (segundo os textos sagrados) ressuscitou, para subir ao céu num lugar de glória ao lado do Pai, antes de voltar, no dia do Juízo Final, para julgar os vivos e os mortos, testemunha e juiz supremo de nossos comportamentos.

As afirmações trinitárias retomam aqui o desenvolvimento cristológico. O Espírito Santo é adorado e glorificado juntamente com o Pai e o Filho, "de quem vem" (uma diferença capital, nesse sentido, entre a Igreja do Oriente e a do Ocidente: para a primeira, o Espírito Santo não procede do Pai *e* do Filho): em igualdade com as duas outras pessoas, ele fora já anunciado pelos profetas, ele vivifica e mediatiza (é pelo Espírito Santo que o Filho se encarna a partir da Virgem Maria).

Por fim, o *Credo* vai lembrar a instituição que garante o exercício da fé e em que nosso coração deve igualmente repousar. A Igreja "católica e apostólica" é o lugar em que se realizará o ritual da fé: batismo, confissão, remissão dos pecados. Assim, do nódulo trinitário para o seu "aparelho político", o crente é dotado de um suporte que lhe permite esperar sua recompensa, que nenhum dom humano poderia igualar: a ressurreição dos mortos e a vida eterna nos séculos por vir.

Quem, no Ocidente, *crê* em todos esses elementos, cujo conjunto indissolúvel forma um sistema de admirável coerência lógica? Se os crentes existem, não serão eles um pouco como o meu analisando, personagens com facetas, prontos a instalar esse Credo numa de suas partes, numa de suas "personagens", enquanto as demais – a personagem social, a personagem erótica – se afastam e o ignoram? Essa problemática da fé contemporânea, embora essencial, não será abordada aqui.

Para a analista que eu sou, o texto do Credo comporta fantasmas fundamentais, que encontro diariamente na realidade psíquica dos meus pacientes.

O pai todo-poderoso? Eles sentem falta dele, o querem ou sofrem por sua causa. A adesão do filho à substância corporal do pai ao mesmo tempo que a identificação simbólica com o seu nome: eles aspiram a isso, e tal processo é, a um só tempo, uma condição necessária à maturação psíquica da criança e uma fonte de gozo por absorção do poder e elevação ao máximo da autoridade. O cristianismo é a religião que mais carreou o impacto simbólico *e* corporal da função paterna para o ser humano. A identificação a essa terceira pessoa separa a criança do corpo a corpo jubiloso e destruidor com a mãe, e a faz sujeito de uma outra dimensão, a da simbolicidade em que se desenrola, para além da frustração e da ausência, a linguagem. Mais que isso, por insistir nessa função paternal, o cristianismo conduz à formulação pré-consciente dos fantasmas essenciais, que margeiam os desejos dos homens.

Assim, a fusão substancial, corporal, incestuosa do homem com seu pai revela e sublima a homossexualidade. A morte do Deus-homem revela ao analista, atento aos desejos mortíferos endereçados ao Pai, que a representação da Paixão crística significa uma culpabilidade retomada como um bumerangue sobre o Filho, que se entrega ele mesmo à morte.

Freud interpreta nessa expiação uma confissão de assassinato edipiano inconscientemente desejado por cada ser humano. Entretanto, na medida em que a Paixão do Cristo mobiliza camadas ainda mais arcaicas do psiquismo, ela evidencia uma depressão fundamental – ferida narcísica ou ódio invertido – que condiciona o acesso dos seres humanos à linguagem. Com efeito, já se observou a tristeza das crianças pequenas, sua renúncia ao paraíso maternal e à satisfação imediata da demanda, que precede o aparecimento da linguagem. É preciso abandonar a mãe e ser abandonado por ela, para que o pai me recolha e para que eu fale. Ora, se é verdade que a palavra se origina num luto endêmico na evolução do sujeito, o abandono pelo pai – pelo "outro" simbólico – desencadeia a angústia melancólica e até o suicídio. "Eu o odeio, mas o sou, logo me jogo na morte." É bem conhecida, para além da agonia do suicídio, a auréola de júbilo que o circunda, expressão da alegria indizível de reunir-me por fim com o objeto abandônico.

O "escândalo da cruz", a "linguagem da cruz" (*logos tou stavron*), que seria uma "loucura" (*moria*) segundo são Paulo (I Cor 1,18,23; Gl 5,11) e que é efetivamente inconcebível para um deus, no sentido antigo do termo, encarna-se, me parece, não somente no sofrimento psíquico e físico que banha nossa existência, mas, mais profundamente ainda, nesse hiato essencial que condiciona meu acesso à linguagem, nesse luto nos primórdios do meu psiquismo de que o sujeito melancólico, pelos acasos de sua biologia e de sua vida familiar, carrega o testemunho paroxístico.

O Cristo abandonado, o Cristo no inferno, figura sem dúvida a participação de Deus na condição do pecador. Mas oferece também o relato dessa melancolia essencial, para além da qual o ser humano pode, eventualmente, reencontrar um outro, doravante interlocutor simbólico e não seio alimentar. Também nesse ponto, o cristianismo ganha a adesão de multidões – eis um discurso que fornece imagens na fissura mesma de uma lógica que nos atravessa secreta e fundamentalmente: como não crer nisso?

A mãe virgem? Eles a querem virgem com efeito, para melhor amá-la ou por ela ser amados sem rival. A afirmação sem precedentes da paternidade simbólica, até a homologação do filho à substância do pai, só parece poder operar-se porque alivia o imaginário de uma carga pesada demais, que teria feito dessa autoridade simbólica um fardo total e esmagador: o peso da sexualidade procriadora. Subtraindo a mãe ao mesmo tempo que o pai da cena primitiva, o imaginário do crente preserva-se do fantasma, insuportável para qualquer criança, de ser o terceiro excluído de um prazer, mais que isso, de um prazer que é o fundamento de sua origem. Por outro lado, essa evitação, enorme é preciso dizer, confere ao cristianismo uma figura materna virginal que o catolicismo, e o florilégio barroco em que ele veio a desaguar, levará às consequências últimas.

O fantasma de ter seu filho sem a intervenção de um homem sustenta o equilíbrio narcísico de mais de uma mãe, sem que ela seja, por isso, necessariamente paranoica. Mas é bem verdade que a histeria feminina, frequentemente aureolada pela paranoia, glorifica-se poderosamente com o papel, nada modesto, da mãe virgem, "filha de seu filho", mãe de Deus, rainha da Igreja e que, trunfo dos trunfos, é a única entre os humanos a não morrer, quando seu próprio filho vai padecer o calvário: ela falece de fato em *dormência* (no Oriente) ou *assunção* (no Ocidente), corpo e alma, rumo ao além. Uma tal visão da maternidade, como mostramos, tem como satisfazer o imaginário do homem, e facilita particularmente a sublimação artística. Leonardo está aí para prová-lo.[1]

No que diz respeito às mulheres, contudo, a censura da sexualidade feminina contribuiu para inferiorizar uma metade da humanidade, entravando sua expressão sexual e intelectual. Essa censura (que na verdade não pôde ser removida senão pelo progresso da contracepção) foi, porém, em larga medida compensada pelo elogio da maternidade e de seus benefícios narcísicos. De forma que, quando hoje em dia a gravidez artificial vem consagrar a distinção entre sexualidade e procriação, feminilidade e maternidade, a imagem da mãe virgem, na ausência de qualquer discurso leigo sobre a psicologia da maternidade, não deixa de ecoar na fantasia das mulheres modernas, excluída aparentemente qualquer religiosidade.

A própria Trindade, flor de tantos refinamentos teológicos, evoca, para além dos seus conteúdos específicos e pela lógica mesma da sua articulação, o

---

[1] Freud, *Leonardo da Vinci e uma lembrança de sua infância*. Rio de Janeiro: Imago, 1997.

deslize da vida psíquica para o nódulo dos três registros intrincados do simbólico, do imaginário e do real.

Para o analista, entretanto, as representações sobre as quais assenta o Credo daquele que ora são fantasmas que revelam desejos ou traumatismos essenciais, e em hipótese alguma dogmas. A análise os radiografa e começa por singularizá-los: como era o *seu próprio* pai, todo-poderoso ou não? *você mesmo* como filho? o *seu* desejo de virgindade ou de ressurreição?... Passando do macrofantasma ao microfantasma, a análise evidencia a sexualidade subjacente que a oração afugenta sem realmente censurar, na medida em que a deixa transparecer no discurso de um desejo que se confessa ao deformar seu objeto.

Qual o lugar e o sentido exatos dessa sexualização do psiquismo que se credita à psicanálise, ou de que ela é acusada?

A SEXUALIZAÇÃO

Na esteira do amor transferencial, o analisando vai falar de seus desejos e, graças à interpretação analítica, ter acesso ao erotismo que subtende suas relações aos outros.

A experiência analítica desenterra, com efeito, a libido subjacente às demandas ou aspirações mais modestas ou mais puras em aparência. Porque compreende também a pulsão de morte, a sexualidade anteriormente recalcada revela-se o modo limítrofe entre a circulação bioenergética e suas inscrições neurológicas (o "mapa neurônico" que imaginam os cientistas), de um lado, e as inscrições e representações psíquicas, de outro. A função do sistema reprodutivo de ligação essencial do ser vivo com a espécie, e a hiperexcitabilidade das zonas erógenas no ser humano em particular, predestinam provavelmente a função sexual a desempenhar esse papel central no psiquismo, que é o de transmissão entre o "mapa neurônico" e as representações significantes. É possível que a ciência venha a descobrir uma particularidade bioquímica da excitação sexual e de sua transmissão neurônica, capaz de especificar com exatidão o papel da sexualidade no mapa psíquico do sujeito. Entretanto, mesmo no atual estado das pesquisas, em que tal papel não está diferenciado de um ponto de vista neurônico, a fisiologia sexual e sua função-chave na relação ao outro e à sobrevivência da espécie atribui-lhe certa preponderância na estrutura do ser vivo como "sistema aberto" – no sentido de estrutura renovável na interação com o ecossistema e com os demais indivíduos da espécie.

Como se não bastasse, as capacidades simbólicas únicas do ser humano (a linguagem humana é o único código conhecido de comunicação de "dupla articulação": significante/significado) a um só tempo prolongam e aumentam indefinidamente sua particularidade de ser uma "estrutura aberta". Quaisquer que tenham sido as relações filogenéticas entre funções sexuais e aparecimento da linguagem, sua interdependência afirmou-se claramente, com uma poderosa retroação do simbolismo para o sexual, que resulta dessa forma superdeterminado no sujeito humano. Se é verdade que o progresso da civilização foi conseguido graças à domesticação do sexual pelo simbólico, os transtornos causados pelo recalque clamam pelo alívio dessa servidão. A psicanálise teve como primeiro e "popular" resultado o questionamento das derivações perversas – religiosas tanto quanto racionalistas, moralistas e superegóticas – de uma sexualidade que não seria possível, daqui para a frente, entender separando sexo e linguagem, mas restituindo-lhes sua dialética indissolúvel. Ela tenta buscar modos de significação adequados aos registros mais obscuros, mais inomináveis da excitabilidade. A arte – Freud insistia nisso – precede a análise nesse caminho.

Mas mesmo compreendida como tecido indissolúvel de excitabilidade e de significância na relação de um sistema aberto a um outro – do ser vivo falante a um outro ser vivo falante –, a sexualidade não se resume ao erotismo dos romances água com açúcar nem das revistas pornográficas. A análise falará de uma sexualidade infantil, mas, mais paradoxalmente ainda, buscará os vestígios da libido lá onde o apelo erótico ao outro se esgota: no narcisismo. Certas manifestações rítmicas pré-verbais ou transverbais, seja das excitações orgânicas, seja das paradas das funções essenciais ou assimbolias, surgem como variantes, talvez dissimuladas, mas não obscurecidas, de uma sexualidade sempre já significante e em vias de nominação. A própria pulsão de morte, quando ela subtende o desejo de agredir, de fazer mal ou de me fazer mal, inclusive até a morte, é uma manifestação da sexualidade. Somente as situações de desinvestimento profundo de todo laço com o outro, e até da minha identidade narcísica, permitem pensar numa extinção da libido, no sentido de desejo significante por um objeto. De qualquer maneira, mesmo essas economias se organizam, é bem verdade que em seus limites, a partir da excitabilidade significante do sujeito falante.

Assim ampliada, a noção de sexualidade não seria, porém, um abuso terminológico? Freud, de toda forma, ateve-se absolutamente a ela, contra Jung, epistemologicamente e eticamente. Epistemologicamente porque, se o continente narcísico pré-edipiano, cujos dramas dominam a sintomatologia psicótica (ao contrário da neurose tributária de Édipo), não é sulcado pelo desejo erótico por um objeto externo, o é por suas precondições arcaicas, biológicas ou semióticas, modeladas em definitivo pelo erotismo dos pais e do entorno. Eticamente porque uma das funções – limitada, voltaremos a ela – da análise é levar o sujeito a aproximar ao máximo o seu discurso da sua excitabilidade, a dominá-la e a metabolizá-la. Nesse sentido, a sexualização do discurso analítico e interpretativo, no sentido de desejo pelo outro (logo, pelo analista e pelo analisando, num momento dado da transferência), é o desafio central de unificação *e* desestabilização do sujeito; desafio que a cura, se não quiser reduzir-se a um engessamento esotérico, terá que enfrentar – e é essa, por sinal, a prova mínima da sua verdade.

Por fim, repita-se, a análise não é nem um convite à liberação sexual nem um alistamento numa normalidade sexual qualquer. Ao descobrir a irredutível diversidade de nossas sexualidades (no sentido definido anteriormente), ela acata os sofrimentos causados pelos acidentes desse modo limite de nosso "sistema aberto" que é a sexualidade e, ao mesmo tempo, nos traz a imagem de nossa perversão intrínseca. A palavra é sem dúvida pejorativa demais para aplicar-se com serenidade ao estado geral da sexualidade humana. Mas as coisas são assim: somos narcísicos, incestuosos, masoquistas, sádicos, parricidas, espontaneamente atraídos e abalados pelos caracteres físicos ou morais que diferem dos nossos, logo espontaneamente agressivos em relação a outrem. Podemos, porém, "ir em frente", como se diz; aliás, não temos outra coisa a fazer. Uma palavra de amor é frequentemente, de maneira mais eficaz, mais profunda, de forma mais duradoura que a químio ou a eletroterapia, nosso único meio de remediar esse estado de coisas ligado sem dúvida ao nosso destino biológico, mas também e *ao mesmo tempo* a palavras malvindas, malévolas.

A DISSOLUÇÃO DO ANALISTA: QUEM É INANALISÁVEL?

O analista põe em jogo, na transferência, a dissolução do seu próprio saber tal como o paciente o pressupõe, e tal como ele mesmo o introduziu nesta ou naquela cura particular. Cada um de nós, analistas, modifica – ou deveria modificar – pelo menos algumas das certezas que tinha a respeito da dinâmica do psiquismo, antes de ouvir o analisando que nos vem confiar sua palavra. Ao fim da cura, a análise conduz ao destronamento da função do próprio analista pela dissolução do elo transferencial. A análise não favorecia, assim, um universo estoico, de homens e mulheres solitários, sem laços, sem religião? Não exatamente. Existe um momento paranoico, por volta do final da cura: "Eu sou sozinho, logo o criador sou eu". Alguns, tragicamente, param aí. Mas o fim mais definitivo, se é que o processo cessa definitivamente, é aquele em que, depois de certo desconsolo, volta o sentido do jogo: "Eu sou outro, isso me escapa, tem algo de indizível, eu tenho o direito de jogar para ver mais claro". Trata-se de uma domesticação da perversão. Só, eu sou com efeito, e incomensurável. A partir daí, posso também jogar alto, e de verdade, e construir laços: criar comunidades, ajudar, amar, perder. A gravidade oscila para uma leveza, que guarda a memória do sofrimento, e continua à procura da sua verdade pela alegria de recomeçar incessantemente.

Eu não acredito que os católicos sejam inanalisáveis, como afirmava Lacan. Com um Credo semelhante, eles já estão no começo de um processo analítico. A análise não começa num momento comparável à fé, que é o do estabelecimento do amor de transferência? "Eu tenho confiança em você e espero uma contrapartida." No entanto, a análise termina com a constatação de que não poderia haver contrapartida sem que eu me alienasse ao meu benfeitor; de que a demanda, mas também o desejo tornam o sujeito escravo do seu objeto. Analisado, nem por isso eu deixo de demandar e de desejar, mas em conhecimento de causa e de efeito. O conhecimento do meu desejo é a minha liberdade e o meu esteio. Daqui por diante, eu amo e me iludo às minhas próprias expensas. Nesse sentido, a análise não seria um para-aquém, mas um para-além – um atravessamento – da fé, e particularmente da fé cristã, tão próxima dos fantasmas fundamentais.

Os católicos inanalisáveis? Resistências, sim, e de monta. Os protestantes *levam em conta* o analista, cooperação de cabeça mais que de sexo. Os judeus *contam com*: eles se entregam e tentam dominar. Os católicos só *contam para si próprios*: rebeldes à transferência, mais narcísicos ou mais perversos, são os pacientes mais recentemente chegados à análise, trazendo novas dificuldades e novos campos de pesquisa. "Continue a contar", dizem os muçulmanos, e ato contínuo se levantam do divã. "Obrigado pela conta" (*contabilidade*), insinuam educadamente os japoneses xintoístas, que evitam a crise da transferência. Como Dante no inferno, o analista os ouve a todos, basta-lhe surpreendê-los em paixão ou em sofrimento. Trata-se justamente de adaptar a escuta às diferentes culturas ou tradições.

CRIANÇAS E ADULTOS

Crédito-crença. Essa solidariedade arcaica é talvez construída por uma humanidade em infância que, separada da mãe, não pode sobreviver senão contando com o Outro: o pai, o rei, o príncipe, o parlamento, o partido, o seguro-saúde, o guru. Enquanto formos crianças – e quem conseguiu deixar de ser completamente? –, precisaremos da transferência, sinônimo de amor e fé.

Porém, uma outra face do ser humano vem procurar o seu próprio discurso na psicanálise. Para essa humanidade, sem dúvida sempre criança, mas órfã também de valores – humanidade da "crise de valores" –, o Outro está em Mim: Eu sou um Outro. Uma humanidade separada, certo, mas que vive de, e na, separação. A análise é um aprendizado da separação a um só tempo como *desdobramento* e *perda*. O pai, o rei, o príncipe, o guru – revela a experiência analítica – é o *seu discurso*. É uma lógica que o atravessa e que você pode domesticar até os limites da sua força e da sua extinção, sem jamais dominá-la. O discurso analítico fala de uma humanidade que aceita perder, para conhecer-se em pura perda e para saldar dessa forma suas dívidas para com o Todo-Poderoso, a fim de estabelecer laços, amores, penhores provisórios e frágeis.

A análise é um lugar de passagem da confiança para a separação, do meu coração dado ao meu coração retomado para um novo jogo, indefinidamente. Eu estou daqui por diante em posição de ser incessantemente descentrado, sem tragédia e com suficiente júbilo para endereçar um novo discurso aos outros.

A descoberta do outro em si estabelece-me primeiro em mim mesmo. "Estabelecer-se em si", por amor do "próprio bem", era um dos objetivos da fé e da ética tomista. A certeza que adquiri na análise, de poder atingir a gama variável do meu discurso, conforta meu narcisismo e me permite transferir meu desejo para o dos outros. Então, abro-me às experiências múltiplas do encontro, tornado assim possível com os meus diferentes, meus semelhantes. Por outro lado, a descoberta de um outro em mim, sem me tornar necessariamente esquizofrênico, me habilita a enfrentar o risco da psicose que é, talvez, o único inferno a ser temido.

Uma humanidade adulta que tenta contar com suas próprias forças, tornadas disponíveis graças ao acesso da linguagem às inscrições mais inacessíveis da pulsão e às representações mais perturbadoras do desejo? Na sua aventura quase secular, a psicanálise procura ser o discurso dessa humanidade justamente. Compreende-se que o Ocidente judaico e cristão, pelo seu desenvolvimento científico e técnico e pela evolução subjetiva das suas populações, mais que os países totalitários ou o Terceiro Mundo, seja o seu lugar privilegiado. Fica possível sonhar então com o futuro da nossa experiência, em relação íntima com o futuro, efetivamente tenaz, das ilusões.

A análise revela-nos verdades desagradáveis, o mais das vezes a respeito de nossa economia libidinal e dos interesses psíquicos, com base nos quais construímos nossos pactos amorosos, profissionais, conjugais. Estaríamos dispostos a aceitá-las? Seríamos capazes de modificá-las? Os anos que vivemos, com suas incertezas econômicas e políticas, seu vazio ideológico, parecem pouco propícios a tal desafio. Mas, ao mesmo tempo, esse desmoronamento de ídolos de toda espécie abre caminho justamente para a análise, como a experiência mais radical de lucidez que o ser falante pode introduzir agora no seu aparelho de linguagem. Penso: "Quem sou eu?" E até: "Será que eu sou?"

Quantos de nós, porém, seríamos capazes disso? Porque há, eu repito, uma sombra de estoicismo na ética de fim de cura, e o homem ou a mulher que chega a ela dá provas de uma grande força moral, ao encarar assim, de frente, a imagem desmistificada de si e da comunidade. Mas, se a análise é, ao mesmo tempo que uma cura, uma certa ética, ela nada tem a ver com o aprendizado da sabedoria, nem com uma religião leiga. Tendo encontrado, para além da infância, o tempo perdido de seus desejos, o analisando refaz o seu tempo no decurso mesmo de sua análise, modifica sua economia psíquica e aumenta suas capacidades de elaboração e de sublimação: de compreensão e de jogo. O cinismo pode tornar-se então o signo certeiro daquele que se integra socialmente para, mais seguramente, encerrar sua análise. Numa melhor hipótese, ao contrário, o analisado reencontra o desejo de jogar com as suas verdades: como o Tempo em Heráclito, ele se torna capaz de "fazer" a criança, de brincar. A alegria, como demonstrou Espinoza, é o supremo grau, o para-além do conhecimento de que eu me despojo para entrever a fonte noutro lugar, noutros, no outro. A alegria: uma ilusão da desilusão?

Nosso debate evidencia, necessariamente, certos aspectos mais públicos, mais ideológicos da experiência analítica. Ora, a fase atual do desenvolvimento do discurso psicanalítico se caracteriza, pelo contrário, por um recuo da análise com relação à cena pública em que a história específica do movimento analítico francês a havia colocado: para que se possa aprofundar, na prática da cura, na escuta de estruturas e de situações novas, e para que a técnica analítica se ajuste da melhor forma possível aos sofrimentos e aos desejos dos indivíduos modernos.

As questões "leigas" (aos olhos da tecnicidade da psicanálise como ciência), que abordamos aqui, frustrarão necessariamente o pesquisador em profundidade, o clínico. Ele se terá deparado, porém, numa problemática fortemente sublimada e socializada, com os objetos privilegiados da atualidade analítica: os narcisismos, as depressões, as perversões, as perturbações psicossomáticas, e uma das questões mais inquietantes nos limites da psicanálise: o papel da sublimação diante do mal-estar psíquico: simples resistência ou coadjuvante de elaboração?

O que espero principalmente é que, inscrevendo-se no campo aberto pelo pedido de vocês – "psicanálise e fé" –, minha posição com relação ao problema possa ecoar no seio das suas angústias pessoais e das suas interrogações filosóficas ou metafísicas.

A PSICANÁLISE É UM NIILISMO?

Se vocês me seguiram até aqui neste percurso, deliberadamente heteróclito – ele me pareceu corresponder mais, assim, à diversidade de nossos perfis, demandas e interesses –, não deixarão por certo de se colocar uma questão, sem dúvida intrínseca à metafísica, que traduz preocupações suas não menos intrínsecas: "A psicanálise é um niilismo?"

Quando, no fim do século XIX, Nietzsche proclama em *A gaia ciência* que "Deus está morto", ele sabe que não está proferindo apenas o brado dos incrédulos, que põem nada (*nihil*) no lugar de Deus.

Como mostrou Heidegger,[1] ele está confirmando o "declínio essencial do suprassensível", do Ideal como "mundo suprassensível com poder de obrigação e de gratificação". Esse declínio de que o próprio cristianismo poderia ser considerado uma das consequências (ele seria então uma forma de niilismo) afirma-se particularmente depois de Descartes e Leibniz, na inversão da posição do Ser tornado doravante um objeto do pensamento subjetivo, ser que assume, assim, o estatuto de objeto na imanência da subjetividade. A "vontade de potência" surge dessa forma como um apetite de valores desdobrado pelo postulado de um desmoronamento do Valor, e ao mesmo tempo como desejo de conhecer, de calcular, de contabilizar. Nietzsche, porém, aspirava a modificar o valor dos valores, a insuflar um novo *élan* de vida através de uma nova posição do homem como "super-homem". Num sentido, poder-se-ia admitir que Freud leva esse movimento às últimas consequências.

De fato, a psicanálise conhece o ser do sujeito subvertido em "objeto" psíquico. Notemos, entretanto, que o psiquismo freudiano inclui até as "razões do coração" de que Pascal mantinha ainda o mistério,

---

[1] M. Heidegger, "Le mot de Nietzsche 'Dieu est mort'", in *Chemins qui ne mènent nulle part* (1949). Paris: Gallimard, 1962.

mas que a noção e a lógica do inconsciente freudiano tentam vigorosamente calcular. A teoria psicanalítica, como teoria de conhecimento dos objetos psíquicos (consciente, inconsciente, pulsão, desejo etc.), faz parte desse movimento niilista de objetivação do ser do homem.

Contudo, a palavra analítica – a do analisando e a do analista, como analisando perpétuo – é irredutível a essa objetalização de que numa certa medida ela participa. O desenvolvimento do processo analítico é, antes de tudo e depois de tudo, antes e depois de toda e qualquer unificação, distanciamento, objetivação, um desenrolar-se da palavra. Ressoando em cheio ou no vazio entre dois sujeitos assim postos e depostos, ela abre ou fecha seus corpos aos ideais que nele se inscrevem e garante, com riscos, uma possibilidade de vida psíquica ao mesmo tempo que física. A cura, como desenvolvimento de uma palavra desdobrada para a complexidade de seus registros e funções, integra a preocupação ("Meu desejo do outro não é um desejo de morte?") e o Ideal ("Que sou eu na tessitura desse desejo em que estou preso?"). Sua eficácia vital é indissociável dessa dimensão ética que é da ordem da ligação amorosa: abertura e recolhimento do ser falante para, e no, ser-outro.

No interior de tal posição do discurso, a psicanálise entra em nova relação, tanto com o Ideal quanto com o físico. Num longo processo de rememoração e de conhecimento de si mesmo, o homem analisando se conhece... mergulhado na imanência de uma significância que, entretanto, o excede. Ela pode chamar-se "inconsciente". Ele a conhece, a ordena, a calcula, mas também se perde nela, joga com ela, goza com ela, vive nela. No limite de uma objetivação e de uma imersão, de um conhecimento e de um desenvolvimento vital da palavra, a psicanálise é a extraordinária tentativa de refundir nossa herança de pensamento da sua fonte até a sua anulação. De um lado, não há nada (*nihil*) além da subjetividade que conhece; de outro, eu sei que essa última se produz numa significância outra que a excede, a transborda, a esvazia...

Se niilismo psicanalítico há, ele é aquele no qual se realizam a subjetivação *e* a objetivação do ser do homem, na qualidade de ser de linguagem entrevisto como relação de abertura, de consolidação e de crescimento: relação de vida. Por meio dessa nova e dupla relação, o homem analisando é aquele que rompe com o homem antigo, sem por isso se tornar um super-homem. Pois da potência reconhecida de seu desejo, levado ao desejo de (se) saber, à dissolução psíquica e à morte física, esse homem "novo" se reconhece atado a uma lógica inconsciente que lhe escapa, mesmo que possa, na cena consciente, conhecê-la. Ao cálculo do saber soma-se então o discurso que abriga a alusão e a ilusão – deslocamento interminável de uma busca de adequação jamais atingida entre o "ser" e a "coisa". Terreno do imaginário, do jogo, da abertura em que o cálculo pode se tornar renovação, criação. No seio mesmo de nossa racionalidade, a psicanálise escapa ao racionalismo estreito. Em deslocamento interno com relação à metafísica (no duplo sentido de Idealidade separada e de Objetivação visada), ela a leva à sua máxima lucidez e ao seu dispêndio não culposo. Um triunfo poderoso do desejo como marca última da subjetividade? Trata-se também de uma subordinação ao ser-outro por um elo ético necessário e provisório.

No cerne da técnica moderna, é o que mais se ouve hoje em dia, a própria vida torna-se um objeto, senão um produto calculado, com a mediação da química, da cirurgia ou da manipulação genética a serviço do desejo de potência dos homens e das mulheres. Nesses "direitos humanos" ampliados até a potência do ser, de um Ser supremo até, o analista ouve a mania do niilista: "O Criador morreu, eu o substituo". Em compensação, a psicanálise, como traço de união entre as duas vertentes da metafísica de que falamos, pode oferecer um discurso e uma existência em equilíbrio frágil entre o gozo para si e a inquietação (cura) para uma significância, que ultrapassa esse si, frequentemente o aniquila, mas pode levá-lo também a aniquilar. O respeito humanista do outro não é mais que a consequência de uma tal posição de minha subjetividade inquieta, capaz de despojar-se de sua vontade de dominação. Pensados a partir da análise, os direitos humanos compreendem não o direito de calcular a vida, mas o direito ao *inconsciente ouvido*, e ouvido até em suas dimensões mortíferas. O que, ironicamente, não deixa de lançar luzes sobre a vontade das pessoas de dominarem o ser e a vida como se fossem o valor último da existência. A essa consumação do niilismo triunfalista que se traveste de direitos humanos – ou sobre-humanos – ampliados para direito sobre a vida, o analisando acrescenta outra posição: a da dissolução infinita dos desejos (ouvidos até sua injunção de morte) no elo doador de sentido que voga através, para e em outro alguém.

Com efeito, nenhuma legislação limitativa, interditiva ou punitiva seria capaz de frear meu desejo de objetos, de valores, de vida, de morte. Somente o sentido que esse desejo possa fazer para o outro e, consequentemente, para mim pode tornar-se o filtro de sua expansão, e ao mesmo tempo o fundamento tênue, mas único, de nossa moral. A psicanálise aparece-me, dessa forma, como antídoto vigoroso do niilismo, até em suas formas mais corajosamente, mais insolentemente científicas e vitalistas. Ela é o duplo ético, o esteio do super-homem. Por quanto tempo?

Impressão e acabamento
Imprensa da Fé